COME COSTRUIRE LA FIDUCIA NEI BAMBINI

Strategie comprovate per costruire resilienza, autostima, promuovere la fiducia e il successo nel mondo competitivo di oggi

ALINA ROBERTSON

Disclaimer

Le informazioni fornite in questo libro sono solo a scopo didattico e informativo e non sono intese come sostitutive di consulenza, diagnosi o trattamento medico professionale. Chiedi sempre il parere del tuo medico o di altro operatore sanitario qualificato per qualsiasi domanda tu possa avere in merito a una condizione medica. L'autore e l'editore di questo libro non sono responsabili per eventuali effetti avversi o conseguenze derivanti dall'uso delle informazioni qui presentate. I lettori si assumono la piena responsabilità delle proprie azioni e decisioni.

SOMMARIO

introduzione

Nel viaggio della genitorialità e della cura, uno dei doni più profondi che possiamo offrire ai bambini è lo sviluppo della fiducia. "Come costruire fiducia nei bambini" è la tua guida per comprendere e coltivare questa qualità essenziale nelle giovani menti affidate alle tue cure.

Comprendere l'importanza della fiducia nei bambini

La fiducia è la pietra angolare su cui i bambini costruiscono il loro futuro. È più che una semplice sicurezza di sé; è il fondamento della fiducia in se stessi che consente loro di affrontare le sfide della vita con resilienza e determinazione. Ecco perché la fiducia è fondamentale per i bambini:

1. **Eccellenza accademica:** i bambini sicuri di sé si avvicinano all'apprendimento con entusiasmo e

curiosità. Abbracciano volentieri nuove idee, fanno domande e si impegnano attivamente nel processo di apprendimento, portando al successo accademico e ad un amore per l'apprendimento permanente.

2. **Fioritura sociale:** la fiducia consente ai bambini di creare connessioni significative con i loro coetanei, comunicare in modo efficace e navigare con facilità nelle interazioni sociali. Si affermano, esprimono pensieri e sentimenti e creano relazioni positive basate sul rispetto e sulla comprensione reciproci.

3. **Accettare le sfide:** i bambini sicuri di sé vedono le sfide come opportunità di crescita e apprendimento. Mostrano resilienza, perseveranza e volontà di riprovare, anche di fronte a battute d'arresto o fallimenti.

4. **Perseguimento degli obiettivi** :
avendo la fiducia come fondamento, i
bambini sono incoraggiati a fissare
obiettivi ambiziosi e a lavorare
diligentemente per raggiungerli.
Possiedono la fiducia in se stessi e la
determinazione necessarie per superare
gli ostacoli e trasformare i loro sogni in
realtà.

5. **Immagine di sé positiva:** la fiducia
favorisce un'immagine di sé positiva e
un forte senso di autostima nei bambini.
Riconoscono e apprezzano i propri punti
di forza e talenti unici, celebrano i
risultati ottenuti e si avvicinano alla vita
con ottimismo e sicurezza di sé.

Comprendere l'importanza della fiducia
pone le basi per sostenere
efficacemente i bambini nel loro viaggio
alla scoperta di sé e alla crescita.

Comprendere la fiducia

La fiducia è un attributo potente che influenza quasi ogni aspetto della vita di un bambino. Modella le loro convinzioni, atteggiamenti e comportamenti, influenzando in definitiva il loro successo accademico, le interazioni sociali e il benessere generale. In questa sezione esploreremo cosa significa veramente fiducia e perché i bambini hanno bisogno di svilupparla.

Definizione della fiducia e dei suoi componenti

La fiducia è spesso descritta come la fiducia in se stessi e nelle proprie capacità. È la convinzione interiore che puoi raggiungere i tuoi obiettivi e superare gli ostacoli. Tuttavia, la fiducia non è una caratteristica statica; è dinamico e può variare in diverse situazioni e contesti.

La fiducia comprende diverse componenti, ciascuna delle quali contribuisce al senso generale di sicurezza di sé del bambino:

1. **Autoefficacia:** si riferisce alla convinzione di un bambino nella propria capacità di realizzare compiti o obiettivi specifici. Quando i bambini hanno un'elevata autoefficacia, si sentono competenti nell'affrontare le sfide, il che porta ad un aumento della motivazione e delle prestazioni.

2. **Immagine di sé:** l'immagine di sé comprende il modo in cui i bambini percepiscono se stessi e il proprio valore. Un'immagine positiva di sé implica accettare se stessi, riconoscere i propri punti di forza e di debolezza e sentirsi a proprio agio nella propria pelle.

3. **Autostima:** l'autostima si riferisce alla valutazione complessiva del valore e del

valore di un bambino come persona. Riflette il loro senso di autostima e svolge un ruolo cruciale nel modellare i loro livelli di fiducia.

4. **Fiducia in se stessi:** la fiducia in se stessi è la convinzione nella propria capacità di avere successo in varie situazioni. Implica la fiducia in se stessi, la volontà di correre rischi e la capacità di riprendersi dalle battute d'arresto.

Quando queste componenti si allineano armoniosamente, i bambini sviluppano un forte senso di fiducia che consente loro di affrontare le sfide della vita con coraggio e resilienza. Tuttavia, è essenziale riconoscere che la fiducia non è una caratteristica fissa e può variare nel tempo. Fattori esterni, come esperienze, feedback da altri e influenze ambientali, possono tutti avere un impatto sui livelli di fiducia di un bambino.

I vantaggi di rafforzare la fiducia nei bambini

Costruire la fiducia nei bambini produce una miriade di benefici che vanno ben oltre le loro circostanze immediate. Ecco alcuni dei principali vantaggi derivanti dalla promozione della fiducia nelle giovani menti:

1. **Miglioramento del rendimento scolastico:** i bambini sicuri si avvicinano all'apprendimento con entusiasmo e curiosità. Si impegnano attivamente nelle attività in classe, partecipano alle discussioni e si assumono rischi accademici. Di conseguenza, spesso eccellono a livello accademico e sviluppano un amore per l'apprendimento permanente.

2. **Abilità sociali migliorate:** la fiducia in se stessi consente ai bambini di affrontare le interazioni sociali con facilità e grazia. I bambini sicuri di sé hanno maggiori probabilità di avviare

conversazioni, affermarsi in contesti di gruppo e creare relazioni positive con i loro coetanei. Mostrano empatia, gentilezza e rispetto verso gli altri, favorendo un ambiente sociale solidale e inclusivo.

3. **Maggiore resilienza:** la fiducia fornisce ai bambini la resilienza necessaria per superare ostacoli e battute d'arresto. I bambini sicuri di sé vedono le sfide come opportunità di crescita e di apprendimento piuttosto che come barriere insormontabili. Si riprendono dal fallimento con determinazione e ottimismo, emergendo più forti e più resilienti di prima.

4. **Maggiore indipendenza:** la fiducia incoraggia l'indipendenza e l'autonomia nei bambini. I bambini sicuri di sé hanno fiducia nelle proprie capacità e nel proprio giudizio, il che consente loro di prendere decisioni e prendere iniziative in vari aspetti della loro vita. È più

probabile che perseguano i propri interessi, esplorino nuove opportunità e traccino il loro percorso verso il successo.

5. **Immagine di sé positiva:** la fiducia favorisce un'immagine di sé positiva e un forte senso di autostima nei bambini. I bambini sicuri di sé riconoscono e apprezzano le loro qualità, talenti e contributi unici. Abbracciano la propria individualità e celebrano i propri successi, coltivando un sano senso di autostima e accettazione di sé.

Coltivando la fiducia nei bambini, diamo loro la possibilità di realizzare il proprio potenziale e di prosperare in tutti gli aspetti della loro vita. Come operatori sanitari ed educatori, svolgiamo un ruolo fondamentale nell'infondere fiducia nei bambini affidati alle nostre cure. Attraverso l'incoraggiamento, il sostegno e il rinforzo positivo, possiamo aiutare i bambini a sviluppare la fiducia in se stessi e la resilienza necessarie per superare le sfide e perseguire i propri sogni con fiducia e determinazione.

Identificazione delle sfide alla fiducia

Mentre i bambini percorrono il viaggio della crescita, incontrano vari ostacoli che possono ostacolare lo sviluppo della fiducia. Comprendere queste sfide è fondamentale per genitori, educatori e operatori sanitari, poiché consente loro di fornire supporto e guida mirati per aiutare i bambini a superare questi ostacoli. In questa sezione esploreremo gli ostacoli comuni incontrati dai bambini e i fattori esterni che influiscono sullo sviluppo della fiducia.

Ostacoli comuni affrontati dai bambini

1. **Paura di fallire:** la paura di fallire è una sfida pervasiva che può avere un impatto significativo sulla fiducia di un bambino. I bambini possono evitare di provare cose nuove o di correre rischi per paura di non riuscire. Questa paura

può derivare dalla pressione di ottenere buoni risultati accademici, sociali o in attività extrascolastiche.

2. **Confronto con i coetanei:** nella società competitiva di oggi, i bambini sono spesso soggetti a confronti con i loro coetanei. Che si tratti di risultati accademici, abilità atletiche o popolarità sociale, i bambini possono sentirsi inadeguati quando percepiscono se stessi come inferiori rispetto agli altri. Questo confronto costante può minare la loro fiducia e autostima nel tempo.

3. **Dialogo interiore negativo:** i bambini non sono immuni dal dialogo interiore negativo, dall'interiorizzazione di osservazioni critiche o denigratorie fatte da altri o da se stessi. Il dialogo interiore negativo può minare la loro fiducia e portare a sentimenti di insicurezza e inutilità. È essenziale aiutare i bambini a riconoscere e sfidare questi pensieri negativi, sostituendoli

con affermazioni positive e autoincoraggiamento.

4. **Perfezionismo:** alcuni bambini possono lottare contro il perfezionismo, fissando standard incredibilmente elevati per se stessi e diventando eccessivamente critici quando non riescono a soddisfarli. Il perfezionismo può creare un circolo vizioso di insicurezza e ansia, impedendo ai bambini di correre rischi o provare cose nuove per paura di non essere perfetti.

5. **Bullismo e pressione dei coetanei:** il bullismo e la pressione dei coetanei possono avere un impatto devastante sulla fiducia e sull'autostima di un bambino. I bambini che subiscono bullismo possono interiorizzare messaggi negativi su se stessi, portando a sentimenti di vergogna, isolamento e inadeguatezza. Allo stesso modo, la pressione dei coetanei affinché si conformino a determinati

comportamenti o standard può minare il senso di sé e l'autenticità di un bambino.

6. **Mancanza di un ambiente di supporto:** la mancanza di sostegno da parte di genitori, operatori sanitari o educatori può anche ostacolare lo sviluppo della fiducia nei bambini. Quando i bambini non si sentono apprezzati, rispettati o incoraggiati nel loro ambiente, possono avere difficoltà a credere in se stessi e nelle proprie capacità.

Fattori esterni che influiscono sullo sviluppo della fiducia

1. **Influenza dei genitori:** i genitori svolgono un ruolo significativo nel plasmare i livelli di fiducia dei propri figli. Il coinvolgimento, l'incoraggiamento e il sostegno positivi dei genitori possono rafforzare la fiducia in se stessi e la resilienza di un bambino. Al contrario, stili genitoriali eccessivamente critici o esigenti possono minare la fiducia e

contribuire a creare sentimenti di inadeguatezza.

2. **Ambiente educativo:** l'ambiente scolastico svolge un ruolo cruciale nel plasmare la fiducia e l'autostima dei bambini. Insegnanti di supporto, relazioni positive tra pari e opportunità di successo possono aumentare i livelli di fiducia, mentre la mancanza di supporto o un clima scolastico negativo possono erodere la fiducia e la motivazione.

3. **Media e società:** le rappresentazioni dei media e le aspettative della società possono influenzare la percezione che i bambini hanno di se stessi e del loro valore. Standard di bellezza non realistici, stereotipi di genere e rappresentazioni del successo possono modellare le convinzioni dei bambini su cosa significhi essere sicuri di sé e avere successo.

4. **Influenze comunitarie e culturali:** norme culturali, tradizioni e valori comunitari possono influenzare la fiducia dei bambini in modi profondi. I bambini provenienti da comunità emarginate o sottorappresentate possono affrontare sfide uniche legate all'identità, all'appartenenza e all'accettazione, che influiscono sulla loro fiducia e autostima.

5. **Esperienze traumatiche:** i bambini che sperimentano traumi o esperienze infantili avverse possono lottare con problemi di fiducia derivanti da sentimenti di insicurezza, paura o vergogna. È essenziale fornire supporto e risorse basati sul trauma per aiutare questi bambini a guarire e a ricostruire la loro fiducia.

Identificare e affrontare queste sfide e fattori esterni è essenziale per sostenere i bambini nello sviluppo di fiducia e resilienza. Creando un ambiente favorevole e nutriente, offrendo incoraggiamento e convalida e insegnando abilità di coping e auto-compassione, possiamo consentire ai bambini di superare gli ostacoli e prosperare con fiducia.

Costruire una base per la fiducia

In qualità di genitore, tutore o educatore, hai il potere di gettare le basi per la fiducia e la fiducia in se stesso di tuo figlio. Costruire una solida base per la fiducia inizia con la creazione di un ambiente favorevole a casa e col coltivare l'autostima e l'immagine positiva di sé di tuo figlio. In questa sezione esploreremo strategie e tecniche pratiche per aiutarti a promuovere la fiducia nei bambini affidati alla tua cura.

Creare un ambiente favorevole a casa

1. **Amore e accettazione incondizionati:** mostra a tuo figlio amore e accettazione incondizionati, indipendentemente dai suoi risultati o dai suoi difetti. Fai loro sapere che sono

apprezzati e amati per quello che sono, non solo per quello che fanno.

2. **Incoraggiamento e rinforzo positivo:** incoraggia gli sforzi e i risultati di tuo figlio, non importa quanto grandi o piccoli. Offri elogi specifici e rinforzi positivi per rafforzare la loro fiducia e autostima.

3. **Comunicazione aperta:** creare un ambiente in cui la comunicazione aperta sia incoraggiata e valorizzata. Ascolta i pensieri, i sentimenti e le preoccupazioni di tuo figlio senza giudizio e offri supporto e guida quando necessario.

4. **Stabilire aspettative realistiche:** evita di porre aspettative irrealistiche o pressioni su tuo figlio affinché eccella in ogni aspetto della sua vita. Concentrati invece sulla definizione di obiettivi realistici e sulla celebrazione dei

progressi e dei risultati ottenuti lungo il percorso.

5. **Modellare la fiducia:** sii un modello positivo per tuo figlio dimostrando fiducia e sicurezza di sé nelle tue azioni e comportamenti. Mostra loro che va bene commettere errori, imparare da loro e incoraggiarli a fare lo stesso.

6. **Creare uno spazio sicuro e solidale:** promuovi un ambiente domestico sicuro e solidale in cui tuo figlio si senta a suo agio nell'esprimersi e nel correre rischi. Incoraggiateli a esplorare i loro interessi e le loro passioni senza timore di giudizi o critiche.

Coltivare l'autostima e un'immagine positiva di sé

1. **Promozione della scoperta di sé:** incoraggia tuo figlio a esplorare i suoi interessi, talenti e passioni per aiutarlo a

scoprire i suoi punti di forza e ad acquisire fiducia nelle sue capacità.

2. **Celebrare l'individualità:** celebra le qualità, i talenti e i risultati unici di tuo figlio e incoraggialo ad abbracciare la propria individualità. Aiutateli a riconoscere e ad apprezzare le cose che li rendono speciali.

3. **Offrire feedback costruttivi:** fornisci feedback costruttivi per aiutare tuo figlio a imparare e crescere, ma fai attenzione a come lo fornisci. Concentrarsi sull'evidenziare i propri punti di forza e offrire indicazioni per il miglioramento in modo solidale e incoraggiante.

4. **Incoraggiare il dialogo interiore positivo** : insegna a tuo figlio a usare il dialogo interiore e le affermazioni positive per combattere i pensieri negativi e creare fiducia. Incoraggiateli a sostituire l'insicurezza con

l'autoincoraggiamento e ricordate loro le loro capacità.

5. **Insegnare abilità di coping:** dota tuo figlio di abilità e strategie di coping per aiutarlo ad affrontare sfide e battute d'arresto. Insegna loro come risolvere i problemi, affrontare lo stress e riprendersi dal fallimento con resilienza e determinazione.

6. **Coltivare gratitudine e consapevolezza:** promuovi un senso di gratitudine e consapevolezza in tuo figlio incoraggiandolo a concentrarsi sul momento presente e ad apprezzare le benedizioni della sua vita. Aiutateli a coltivare una visione positiva e resilienza di fronte alle avversità.

Creando un ambiente favorevole a casa e coltivando l'autostima e l'immagine positiva di sé di tuo figlio, stai gettando le basi per la sua fiducia e il suo successo nella vita. Il tuo amore, il tuo incoraggiamento e la tua guida consentiranno loro di affrontare le sfide della vita con resilienza, ottimismo e incrollabile fiducia in se stessi.

Tecniche di comunicazione efficace

Una comunicazione efficace è fondamentale per costruire relazioni forti e positive con i bambini e per promuovere la loro fiducia e autostima. Comunicando in modo efficace, puoi creare un ambiente favorevole e nutriente in cui i bambini si sentono apprezzati, ascoltati e compresi. In questa sezione esploreremo le tecniche pratiche per comunicare positivamente con i bambini e incoraggiare l'apertura e l'espressività.

Comunicare positivamente con i bambini

1. **Usa un linguaggio positivo:** scegli parole e frasi che siano positive ed edificanti quando parli ai bambini. Evita di usare un linguaggio negativo o critiche, poiché ciò può minare la loro fiducia e autostima. Concentrati invece

sull'evidenziare i loro punti di forza e sull'offrire incoraggiamento ed elogi per i loro sforzi e risultati.

2. **Ascolto attivo:** pratica l'ascolto attivo quando comunichi con i bambini, il che implica prestare loro tutta la tua attenzione, mantenere il contatto visivo e mostrare un genuino interesse per ciò che hanno da dire. Ascolta senza interrompere e convalida i loro sentimenti ed esperienze per farli sentire ascoltati e compresi.

3. **Sii empatico:** mostra empatia e comprensione verso i pensieri, i sentimenti e le esperienze dei bambini. Mettiti nei loro panni e prova a vedere le cose dalla loro prospettiva. Riconosci le loro emozioni e convalida le loro esperienze, anche se non sei necessariamente d'accordo con loro.

4. **Fornisci feedback costruttivi:** quando offri feedback o indicazioni,

concentrati sul fornire critiche costruttive che siano specifiche, attuabili e incoraggianti. Evita le critiche aspre o i giudizi negativi, poiché possono demoralizzarti e minare la fiducia. Offri invece suggerimenti per migliorare e loda i loro sforzi e progressi.

5. **Incoraggiare l'indipendenza:** consentire ai bambini di esprimersi e prendere le proprie decisioni incoraggiando l'indipendenza e l'autonomia. Offri guida e supporto quando necessario, ma concedi loro la libertà di esplorare i propri interessi, fare scelte e imparare dalle loro esperienze.

6. **Sii accessibile:** crea un ambiente in cui i bambini si sentano a proprio agio nell'avvicinarsi a te con i loro pensieri, preoccupazioni e domande. Sii accessibile e di mentalità aperta e incoraggia una comunicazione aperta essendo ricettivo alle loro idee e opinioni.

Incoraggiare l'apertura e l'espressività

1. **Creare uno spazio sicuro:** promuovere un ambiente in cui i bambini si sentano sicuri e possano esprimersi senza timore di giudizi o critiche. Crea linee di comunicazione aperte e fai sapere loro che possono venire da te con qualsiasi cosa, non importa quanto grande o piccola.

2. **Convalidare i sentimenti:** convalidare i sentimenti e le emozioni dei bambini riconoscendoli e accettandoli senza giudizio. Fai loro sapere che va bene provare una serie di emozioni e che sei lì per sostenerli attraverso qualunque cosa stiano vivendo.

3. **Incoraggiare l'espressione di sé:** incoraggiare i bambini a esprimersi in modo creativo attraverso l'arte, la scrittura, la musica o altre forme di

autoespressione. Fornire loro opportunità di esplorare i propri interessi e passioni ed esprimersi in modi significativi.

4. **Apertura del modello:** sii un modello di apertura ed espressività condividendo i tuoi pensieri, sentimenti ed esperienze con i tuoi figli in modo rispettoso e adeguato all'età. Dimostrare sane capacità di comunicazione e incoraggiarli a fare lo stesso.

5. **Coinvolgimento attivo:** impegnarsi attivamente con i bambini in conversazioni e attività che promuovono l'apertura e l'espressività. Poni domande aperte, ascolta attivamente le loro risposte e partecipa a discussioni significative che li incoraggino a condividere i loro pensieri e sentimenti.

6. **Rispettare i confini:** rispettare i confini e lo spazio personale dei bambini ed evitare di spingerli a

condividere più di quanto si sentano a proprio agio. Fai sapere loro che possono stabilire dei limiti e che la loro privacy sarà rispettata.

Comunicando positivamente con i bambini e incoraggiando l'apertura e l'espressività, crei un ambiente solidale e nutriente in cui si sentono apprezzati, ascoltati e compresi. I tuoi sforzi per promuovere sane capacità comunicative consentiranno ai bambini di esprimersi con sicurezza e di sviluppare relazioni forti e positive con gli altri.

Incoraggiare l'indipendenza e la resilienza

Incoraggiare l'indipendenza e la resilienza nei bambini è essenziale per la loro crescita e il loro sviluppo complessivi. Promuovendo l'indipendenza nel processo decisionale e insegnando abilità di coping e resilienza, consenti ai bambini di affrontare le sfide della vita con sicurezza e adattabilità. In questa sezione esploreremo strategie pratiche per promuovere l'indipendenza e la resilienza nei bambini affidati alla vostra cura.

Promuovere l'indipendenza nel processo decisionale

1. **Offrire scelte:** dare ai bambini l'opportunità di prendere decisioni e scelte nella loro vita quotidiana. Offri loro una gamma di opzioni e consenti loro di selezionare le loro preferenze.

Potrebbe essere semplice come scegliere cosa indossare, cosa mangiare a colazione o quale attività svolgere dopo la scuola.

2. **Incoraggiare la risoluzione dei problemi:** incoraggiare i bambini a risolvere i problemi e superare gli ostacoli in modo indipendente. Invece di intervenire immediatamente per offrire soluzioni, poni domande aperte che li spingano a pensare in modo critico e a trovare le loro soluzioni. Ciò aiuta a sviluppare le loro capacità di risoluzione dei problemi e la fiducia nelle proprie capacità.

3. **Fornire guida e supporto:** sebbene sia importante incoraggiare l'indipendenza, fornire guida e supporto quando necessario. Offrire assistenza e consigli quando i bambini si trovano ad affrontare sfide o prendere decisioni difficili, ma autorizzarli a fare le proprie scelte.

4. **Celebrare i successi:** celebrare i successi e i risultati dei bambini, non importa quanto piccoli. Riconoscere i loro sforzi ed elogiare le loro capacità decisionali, rafforzando la loro fiducia e il senso di autonomia.

5. **Consentire gli errori:** incoraggiare i bambini ad accettare il fallimento come parte naturale del processo di apprendimento. Aiutali a capire che commettere errori va bene e che è un'opportunità per imparare e crescere. Incoraggiare una mentalità di crescita sottolineando l'importanza della perseveranza e della resilienza di fronte alle battute d'arresto.

6. **Aumentare gradualmente la responsabilità:** aumentare gradualmente le responsabilità e l'indipendenza dei bambini man mano che crescono e dimostrano disponibilità. Assegna loro compiti e lavoretti adatti

alla loro età da completare in modo indipendente, come riordinare la stanza, preparare gli spuntini o gestire i compiti.

Insegnare capacità di coping e resilienza

1. **Regolazione emotiva:** insegnare ai bambini modi sani per gestire le proprie emozioni e affrontare lo stress. Incoraggiali a praticare la respirazione profonda, la consapevolezza o altre tecniche di rilassamento quando si sentono sopraffatti o ansiosi. Aiutali a identificare ed etichettare le loro emozioni e a convalidare i loro sentimenti senza giudizio.

2. **Capacità di risoluzione dei problemi:** insegnare ai bambini capacità efficaci di risoluzione dei problemi per aiutarli ad affrontare sfide e battute d'arresto. Incoraggiateli a scomporre i problemi in passaggi gestibili, a fare brainstorming sulle possibili soluzioni e a valutare le

conseguenze di ciascuna opzione. Consentire loro di agire e implementare la soluzione scelta.

3. **Incoraggiare la flessibilità:** favorire la flessibilità e l'adattabilità nei bambini aiutandoli a capire che la vita è piena di colpi di scena inaspettati. Incoraggiateli ad affrontare nuove situazioni con una mente aperta e con la volontà di adattarsi alle mutevoli circostanze.

4. **Costruisci una rete di supporto:** aiuta i bambini a coltivare forti connessioni sociali e relazioni di supporto con la famiglia, gli amici, gli insegnanti e altri adulti fidati. Incoraggiare una comunicazione aperta e offrire opportunità ai bambini di cercare aiuto e sostegno quando necessario.

5. **Dialogo interiore positivo:** insegna ai bambini a coltivare un dialogo interiore positivo e a sfidare pensieri e

credenze negative. Incoraggiateli a sostituire i dubbi su se stessi con l'autocompassione e l'ottimismo, ricordando loro i loro punti di forza e le loro capacità.

6. **Modello di resilienza:** essere un modello positivo di resilienza dimostrando sane capacità di affrontare le avversità e perseveranza. Condividi le tue esperienze nel superare sfide e battute d'arresto ed evidenzia l'importanza della resilienza nel raggiungimento del successo.

Incoraggiando l'indipendenza nel processo decisionale e insegnando abilità di coping e resilienza, fornisci ai bambini gli strumenti e la fiducia di cui hanno bisogno per affrontare le sfide della vita con resilienza e adattabilità. La tua guida e il tuo sostegno svolgono un ruolo fondamentale nell'aiutare i bambini a sviluppare le competenze e la mentalità necessarie per prosperare in un mondo in continua evoluzione.

Promuovere la mentalità di crescita e la definizione degli obiettivi

Incoraggiare una mentalità di crescita e la definizione di obiettivi nei bambini è fondamentale per il loro sviluppo accademico e personale. Instillando una mentalità di crescita e insegnando loro come stabilire e raggiungere obiettivi realistici, consenti ai bambini di affrontare le sfide, persistere nonostante le battute d'arresto e raggiungere il loro pieno potenziale. In questa sezione esploreremo strategie pratiche per promuovere una mentalità di crescita e la definizione di obiettivi nei bambini sotto la tua cura.

Instillare una mentalità di crescita nei bambini

1. **Enfatizzare lo sforzo e la perseveranza:** insegnare ai bambini che il successo non è determinato

esclusivamente dal talento o dall'intelligenza innata, ma dallo sforzo e dalla perseveranza. Incoraggiateli ad accogliere le sfide come opportunità di crescita e di apprendimento, invece di evitarle per paura di fallire.

2. **Elogiare il processo piuttosto che il risultato:** concentrarsi sull'elogio degli sforzi, delle strategie e dei progressi dei bambini piuttosto che esclusivamente sui loro risultati. Evidenzia il loro duro lavoro, la perseveranza e la resilienza, rafforzando l'idea che il successo deriva dallo sforzo e dal miglioramento continui.

3. **Normalizzare errori e fallimenti:** aiutare i bambini a capire che commettere errori e sperimentare il fallimento sono parti naturali ed essenziali del processo di apprendimento. Incoraggiali a considerare gli ostacoli come opportunità per apprendere, crescere e

migliorare, piuttosto che come indicatori della loro intelligenza o del loro valore.

4. **Incoraggiare l'amore per l'apprendimento:** promuovere l'amore per l'apprendimento nei bambini incoraggiando la curiosità, l'esplorazione e la curiosità intellettuale. Fornire loro opportunità di perseguire i propri interessi, porre domande e impegnarsi in esperienze di apprendimento pratico che accendano la loro passione per l'apprendimento.

5. **Insegnare il potere di ancora:** introdurre i bambini al concetto di "ancora", sottolineando che potrebbero non aver ancora padroneggiato una particolare abilità o concetto, ma con impegno e perseveranza possono migliorare e raggiungere i loro obiettivi nel tempo.

6. **Modellare una mentalità di crescita:** essere un modello positivo per

una mentalità di crescita dimostrando resilienza, perseveranza e volontà di apprendere e crescere. Condividi storie sulle tue sfide, battute d'arresto e successi ed evidenzia l'importanza di mantenere un atteggiamento positivo e una mentalità di crescita nel superare gli ostacoli.

Stabilire e raggiungere obiettivi realistici

1. **Obiettivi SMART:** insegna ai bambini come impostare obiettivi SMART: specifici, misurabili, realizzabili, pertinenti e limitati nel tempo. Aiutali a identificare gli obiettivi specifici che desiderano raggiungere e a suddividerli in passaggi più piccoli e gestibili.

2. **Incoraggiare la proprietà:** incoraggiare i bambini ad assumersi la responsabilità dei propri obiettivi coinvolgendoli nel processo di definizione degli obiettivi. Aiutateli a identificare i loro punti di forza, interessi

e aree di miglioramento e supportateli nella definizione di obiettivi in linea con le loro aspirazioni e valori.

3. **Fornire supporto e guida:** offrire supporto e guida per aiutare i bambini a sviluppare piani d'azione e strategie per raggiungere i loro obiettivi. Suddividi gli obiettivi più grandi in compiti più piccoli e realizzabili e fornisci risorse, incoraggiamento e responsabilità lungo il percorso.

4. **Celebrare il progresso:** celebrare i progressi e i risultati dei bambini mentre lavorano verso i loro obiettivi. Riconoscere i loro sforzi e i loro traguardi e lodare la loro dedizione, perseveranza e resilienza nel superare gli ostacoli e nel rimanere concentrati sui propri obiettivi.

5. **Adattarsi e adattarsi:** incoraggiare i bambini a essere flessibili e adattabili nel processo di definizione degli

obiettivi. Aiutateli a riconoscere quando potrebbero essere necessari aggiustamenti e incoraggiateli a rivedere i loro obiettivi o piani d'azione secondo necessità in base al cambiamento delle circostanze o alle nuove informazioni.

6. **Rifletti e impara:** incoraggia i bambini a riflettere sui loro progressi e sulle loro esperienze mentre lavorano verso i loro obiettivi. Aiutali a identificare cosa è andato bene, quali sfide hanno dovuto affrontare e cosa hanno imparato dal processo. Incoraggiare l'autoriflessione e la consapevolezza di sé per favorire la crescita e il miglioramento continui.

Promuovendo una mentalità di crescita e la definizione di obiettivi nei bambini, consenti loro di assumersi la responsabilità del proprio apprendimento e del proprio sviluppo personale. La tua guida e il tuo sostegno svolgono un ruolo cruciale nell'aiutare i bambini a sviluppare le capacità, le attitudini e le abitudini necessarie per fissare obiettivi significativi, superare gli ostacoli e raggiungere il successo in tutti gli ambiti della loro vita.

Accettare il fallimento e imparare dagli errori

Accettare il fallimento e imparare dagli errori sono componenti essenziali della crescita e dello sviluppo personale. Come caregiver o educatore, è importante insegnare ai bambini che il fallimento non è qualcosa da temere o evitare, ma piuttosto abbracciare come una parte naturale e necessaria del processo di apprendimento. In questa sezione esploreremo strategie pratiche per normalizzare il fallimento come parte dell'apprendimento e incoraggiare la riflessione e l'adattamento nei bambini.

Normalizzare il fallimento come parte dell'apprendimento

1. **Riformulare il fallimento come feedback:** aiuta i bambini a capire che il fallimento non è un riflesso del loro valore o della loro intelligenza, ma

piuttosto un feedback che può aiutarli a imparare e crescere. Incoraggiali a considerare gli ostacoli come opportunità per identificare aree di miglioramento e sviluppare resilienza e perseveranza.

2. **Condividi storie personali:** condividi storie delle tue esperienze con i fallimenti e come hai imparato e cresciuto da loro. Normalizzando il fallimento e dimostrando che tutti sperimentano delle battute d'arresto a volte, aiuti i bambini a sentirsi meno soli nelle loro lotte e più responsabilizzati a perseverare di fronte alle avversità.

3. **Celebrare l'impegno e il progresso:** spostare l'attenzione dai risultati all'impegno e al progresso celebrando il duro lavoro, la perseveranza e la resilienza dei bambini, indipendentemente dal risultato. Riconoscere la loro volontà di correre rischi, provare cose nuove e imparare

dai propri errori, rafforzando l'idea che lo sforzo e la crescita sono più importanti della perfezione.

4. **Incoraggiare l'assunzione di rischi:** creare un ambiente favorevole in cui i bambini si sentano a proprio agio nel correre rischi e nel provare cose nuove. Incoraggiateli a uscire dalla loro zona di comfort, a sfidare se stessi e a perseguire le proprie passioni, sapendo che il fallimento è una parte naturale del processo di apprendimento.

5. **Fornire feedback costruttivi:** offrire feedback costruttivi incentrati su aree specifiche di miglioramento e fornire indicazioni per il successo futuro. Aiuta i bambini a identificare cosa è andato storto, cosa hanno imparato dall'esperienza e come possono applicare tale conoscenza alle attività future.

6. **Incoraggiare la resilienza:** insegnare ai bambini la resilienza aiutandoli a sviluppare capacità di coping e strategie per riprendersi dal fallimento. Incoraggiateli a rimanere positivi, a mantenere una mentalità di crescita e a perseverare nonostante le battute d'arresto, sapendo che possono superare le sfide e avere successo a lungo termine.

Incoraggiare la riflessione e l'adattamento

1. **Promuovere l'autoriflessione:** incoraggiare i bambini a riflettere sulle loro esperienze e identificare cosa hanno fatto bene, cosa potrebbero migliorare e cosa hanno imparato dalla situazione. Fornire suggerimenti o esercizi di journaling per aiutarli a elaborare i propri pensieri ed emozioni e acquisire informazioni sui propri punti di forza e sulle aree di crescita.

2. **Dedicare del tempo alla riflessione:** creare tempo e spazio dedicati alla riflessione e all'autovalutazione nella routine quotidiana dei bambini. Ciò potrebbe essere fatto attraverso controlli regolari o attività di riflessione alla fine della giornata o della settimana, consentendo ai bambini di fare una pausa, riflettere e stabilire intenzioni per la crescita futura.

3. **Incoraggiare l'adattamento:** insegnare ai bambini l'importanza di adattarsi alle circostanze mutevoli e di imparare dalle loro esperienze. Aiutateli a identificare strategie o approcci alternativi di fronte a ostacoli o battute d'arresto e incoraggiateli a essere flessibili e di mentalità aperta nella risoluzione dei problemi.

4. **Evidenziare le opportunità di apprendimento:** aiutare i bambini a vedere il fallimento come un'opportunità di apprendimento e crescita piuttosto

che un ostacolo al successo. Evidenzia le preziose lezioni che possono trarre dalle loro esperienze e incoraggiali ad applicare tale conoscenza a situazioni future, favorendo un ciclo continuo di apprendimento e miglioramento.

5. Modello di comportamento riflessivo: sii un modello positivo di riflessione e adattamento condividendo apertamente le tue esperienze di apprendimento e crescita. Dimostra come rifletti sui tuoi successi e fallimenti, adatta il tuo approccio quando necessario e continua a lottare per migliorare nel tempo.

6. Fornire una guida di supporto: offrire guida e supporto mentre i bambini affrontano il processo di riflessione e adattamento. Sii paziente ed empatico mentre affrontano le loro emozioni e intuizioni e fornisci incoraggiamento e rassicurazione sul fatto che il fallimento è una parte naturale del percorso di apprendimento.

Normalizzando il fallimento come parte dell'apprendimento e incoraggiando la riflessione e l'adattamento, aiuti i bambini a sviluppare la resilienza, la perseveranza e la mentalità di crescita necessarie per prosperare in un mondo in continua evoluzione. Il tuo sostegno e la tua guida svolgono un ruolo cruciale nell'aiutare i bambini ad accogliere il fallimento come un'opportunità di crescita e a sviluppare le competenze e la mentalità necessarie per superare gli ostacoli e raggiungere il successo in tutti gli ambiti della loro vita.

Incoraggiare una sana assunzione di rischi e l'esplorazione

In qualità di caregiver o educatore, promuovere una sana assunzione di rischi e l'esplorazione è essenziale per lo sviluppo dei bambini. Trovando un equilibrio tra sicurezza e opportunità di crescita e incoraggiando la curiosità e l'esplorazione, consenti ai bambini di espandere i propri orizzonti, creare fiducia e sviluppare capacità critiche per il successo. In questa sezione esploreremo strategie pratiche per promuovere una sana assunzione di rischi e l'esplorazione nei bambini.

Bilanciare la sicurezza con le opportunità di crescita

1. **Stabilire confini chiari:** stabilire confini e linee guida chiari per garantire la sicurezza dei bambini pur consentendo l'esplorazione e

l'assunzione di rischi entro tali confini. Comunicare chiaramente regole e aspettative e fornire supervisione e guida secondo necessità per aiutare i bambini ad affrontare nuove esperienze in sicurezza.

2. **Valutare i rischi:** valutare il livello di rischio coinvolto in diverse attività e ambienti e adottare precauzioni adeguate per mitigare i potenziali pericoli. Considerare fattori quali l'età, lo stadio di sviluppo e le capacità individuali nel determinare il livello di supervisione e supporto necessario.

3. **Incoraggiare i rischi calcolati:** incoraggiare i bambini ad assumersi rischi calcolati che offrono opportunità di crescita e apprendimento pur garantendo la loro sicurezza. Aiutateli a valutare i potenziali rischi e benefici delle diverse attività e a prendere decisioni informate sull'opportunità di procedere.

4. **Fornire una guida di supporto:** offrire guida di supporto e incoraggiamento mentre i bambini affrontano nuove esperienze e sfide. Essere disponibili a rispondere alle domande, fornire rassicurazioni e offrire assistenza secondo necessità, consentendo comunque ai bambini di assumersi la responsabilità delle proprie decisioni e azioni.

5. **Modello di comportamento di assunzione di rischi:** sii un modello positivo per una sana assunzione di rischi dimostrando la volontà di provare cose nuove, accettare sfide e uscire dalla tua zona di comfort. Condividi storie delle tue esperienze relative all'assunzione di rischi e all'esplorazione, evidenziando le preziose lezioni che hai imparato lungo il percorso.

6. **Celebrare gli sforzi e i progressi:**
celebrare gli sforzi e i progressi dei
bambini mentre si impegnano in una
sana assunzione di rischi e
nell'esplorazione, indipendentemente
dal risultato. Concentrati sul processo
piuttosto che sul risultato e loda il loro
coraggio, curiosità e volontà di uscire
dalla loro zona di comfort.

Incoraggiare la curiosità e l'esplorazione

1. **Crea un ambiente stimolante:** crea
un ambiente che stimoli la curiosità dei
bambini e incoraggi l'esplorazione.
Fornire una varietà di materiali, risorse e
opportunità per l'apprendimento pratico
e la scoperta e consentire ai bambini di
seguire i propri interessi e perseguire le
proprie passioni.

2. **Porre domande aperte:** incoraggia i
bambini a porre domande, esplorare
idee e cercare risposte alle loro curiosità
ponendo domande aperte che stimolano

la conversazione e il pensiero critico. Promuovi una cultura dell'indagine e della curiosità incoraggiando i bambini a meravigliarsi, speculare e investigare.

3. **Promuovere il gioco all'aperto:** incoraggiare il gioco e l'esplorazione all'aperto come mezzo per favorire la curiosità e la creatività. Fornire opportunità ai bambini di esplorare gli ambienti naturali, impegnarsi in giochi non strutturati e scoprire le meraviglie del mondo che li circonda.

4. **Sostenere interessi diversi:** rispetta e supporta i diversi interessi e passioni dei bambini, anche se possono differire dai tuoi. Incoraggiali a perseguire attività e hobby che accendano la loro curiosità e portino loro gioia, e fornisci risorse e supporto per aiutarli a esplorare ulteriormente i loro interessi.

5. **Incoraggiare l'assunzione di rischi nell'apprendimento:** promuovere una

cultura di sperimentazione e assunzione di rischi nell'apprendimento creando uno spazio sicuro in cui i bambini si sentano a proprio agio nel provare cose nuove e nel commettere errori. Incoraggiateli ad accettare le sfide, a prendere iniziative e ad imparare sia dai successi che dai fallimenti.

6. **Fornire opportunità di apprendimento pratico:** offrire esperienze di apprendimento pratico che consentano ai bambini di interagire attivamente con materiali, manipolare oggetti e sperimentare concetti e idee diversi. Fornire opportunità di esplorazione, scoperta e risoluzione dei problemi che incoraggino i bambini a pensare in modo creativo e critico.

Trovando un equilibrio tra sicurezza e opportunità di crescita e incoraggiando la curiosità e l'esplorazione, aiuti i bambini a sviluppare la fiducia, la resilienza e le capacità di pensiero critico necessarie per affrontare le complessità del mondo che li circonda. Il tuo sostegno e la tua guida svolgono un ruolo cruciale nel promuovere un senso di meraviglia e curiosità nei bambini e nel dare loro la possibilità di abbracciare nuove esperienze e sfide con entusiasmo e coraggio.

Coltivare abilità sociali ed empatia

In qualità di caregiver o educatore, coltivare le abilità sociali e l'empatia nei bambini è essenziale per il loro sviluppo personale e interpersonale. Insegnando la cooperazione e la collaborazione e promuovendo l'empatia e la comprensione degli altri, consenti ai bambini di costruire relazioni significative, comunicare in modo efficace e affrontare le interazioni sociali con gentilezza e compassione. In questa sezione esploreremo strategie pratiche per promuovere le abilità sociali e l'empatia nei bambini sotto la tua cura.

Cooperazione e collaborazione didattica

1. **Promuovere il lavoro di squadra:** incoraggiare i bambini a lavorare insieme verso scopi e obiettivi comuni promuovendo il lavoro di squadra e la

collaborazione. Fornire opportunità per attività di gruppo, progetti e giochi che richiedono cooperazione e risoluzione collettiva dei problemi.

2. **Modello di comportamento cooperativo:** sii un modello positivo di cooperazione e collaborazione dimostrando comunicazione rispettosa, compromesso e lavoro di squadra nelle tue interazioni con gli altri. Evidenziare l'importanza di lavorare insieme verso obiettivi condivisi e celebrare i risultati collettivi.

3. **Assegna compiti di gruppo:** assegna compiti o progetti di gruppo che richiedono ai bambini di collaborare e contribuire con i loro punti di forza e prospettive unici. Incoraggiateli a delegare responsabilità, a comunicare in modo efficace e a sostenersi a vicenda nel raggiungimento degli obiettivi condivisi.

4. **Incoraggiare l'ascolto attivo:** insegnare ai bambini l'importanza dell'ascolto attivo nel favorire la cooperazione e la collaborazione. Incoraggiateli ad ascoltare attentamente le idee, le opinioni e i punti di vista degli altri e ad esprimere i propri pensieri e sentimenti con rispetto e assertività.

5. **Risolvere i conflitti in modo costruttivo:** aiutare i bambini a sviluppare capacità di risoluzione dei conflitti insegnando loro modi costruttivi per affrontare disaccordi e conflitti che possono sorgere durante le attività di gruppo. Incoraggiateli a comunicare apertamente, ad ascoltare i rispettivi punti di vista e a lavorare per soluzioni reciprocamente soddisfacenti.

6. **Celebrare il successo del team:** celebrare il successo degli sforzi collaborativi e del lavoro di squadra riconoscendo e lodando i contributi di ciascun membro del team. Evidenziare i

punti di forza e i risultati del gruppo nel suo insieme, rafforzando il valore della cooperazione e della collaborazione nel raggiungimento degli obiettivi condivisi.

Sviluppare empatia e comprensione degli altri

1. **Promuovere l'assunzione di prospettiva:** incoraggiare i bambini a considerare le cose dal punto di vista degli altri ponendo domande come "Come pensi che si sentano?" oppure "Indovina cosa stanno vivendo?" Incoraggiateli a entrare in empatia con le emozioni e le esperienze degli altri per sviluppare una comprensione e un apprezzamento più profondi dei loro sentimenti.

2. **Modella un comportamento empatico:** modella un comportamento empatico dimostrando gentilezza, compassione ed empatia nelle tue interazioni con gli altri. Mostra ai bambini come riconoscere e rispondere

alle emozioni degli altri con empatia e comprensione e incoraggiali a seguire il tuo esempio.

3. **Pratica l'ascolto attivo:** insegna ai bambini l'importanza dell'ascolto attivo nello sviluppo di empatia e comprensione. Incoraggiateli ad ascoltare attentamente i pensieri, i sentimenti e le esperienze degli altri senza giudizi o interruzioni e a convalidare le loro emozioni e prospettive.

4. **Incoraggiare la condivisione delle prospettive:** creare opportunità affinché i bambini condividano i loro pensieri, sentimenti ed esperienze con gli altri e ascoltino e imparino dalle prospettive dei loro coetanei. Incoraggiare una comunicazione aperta e onesta e promuovere una cultura di empatia e comprensione all'interno del gruppo.

5. **Promuovere azioni empatiche:** incoraggiare i bambini a intraprendere azioni empatiche verso gli altri dimostrando gentilezza, compassione e considerazione nelle loro interazioni. Incoraggiali a offrire sostegno, assistenza e incoraggiamento a chi è nel bisogno e a difendere gli altri che potrebbero incontrare difficoltà o avversità.

6. **Discutere la diversità e l'inclusione:** facilitare le discussioni sulla diversità, l'inclusione e la giustizia sociale per aiutare i bambini a sviluppare empatia e comprensione verso persone provenienti da contesti, culture e prospettive diverse. Incoraggiateli ad abbracciare la diversità e a celebrare le qualità uniche e i contributi degli individui di ogni ceto sociale.

Insegnando la cooperazione e la collaborazione e promuovendo l'empatia e la comprensione degli altri, aiuti i bambini a sviluppare abilità sociali essenziali e intelligenza emotiva che saranno loro utili per tutta la vita. La tua guida e il tuo supporto svolgono un ruolo cruciale nel coltivare la loro capacità di costruire relazioni positive, comunicare in modo efficace e affrontare le complessità del mondo sociale con gentilezza, compassione ed empatia.

Affrontare le sfide e le avversità

Affrontare le sfide e le avversità è una parte inevitabile della vita e, in qualità di caregiver o educatore, sostenere i bambini nei momenti difficili e sviluppare la resilienza di fronte alle avversità è essenziale per il loro benessere e la loro crescita. Fornendo guida, incoraggiamento e risorse, consenti ai bambini di superare gli ostacoli, sviluppare capacità di coping ed emergere più forti e più resilienti. In questa sezione esploreremo strategie pratiche per affrontare le sfide e le avversità dei bambini affidati alla tua cura.

Sostenere i bambini nei momenti difficili

1. **Creare un ambiente sicuro e solidale:** promuovere un ambiente sicuro e solidale in cui i bambini si

sentano a proprio agio nell'esprimere i propri pensieri, sentimenti e preoccupazioni. Fai loro sapere che sei lì per ascoltare, supportare e convalidare le loro esperienze senza giudizi o critiche.

2. **Sii presente e disponibile:** renditi disponibile per i bambini nei momenti difficili essendo presente, attento e reattivo ai loro bisogni. Prenditi il tempo per confrontarti regolarmente con loro, chiedi come si sentono e offri il tuo supporto e rassicurazione.

3. **Convalida i loro sentimenti:** convalida i sentimenti e le esperienze dei bambini riconoscendo e accettando le loro emozioni senza giudizio. Fai loro sapere che va bene sentirsi tristi, arrabbiati o spaventati e rassicurali che sei lì per sostenerli in qualunque cosa stiano attraversando.

4. **Incoraggiare una comunicazione aperta:** incoraggiare una comunicazione aperta creando opportunità affinché i bambini possano esprimersi e condividere pensieri e sentimenti. Sii un ascoltatore compassionevole e offri loro uno spazio sicuro in cui parlare delle loro preoccupazioni, paure e difficoltà.

5. **Offrire supporto pratico:** offrire supporto pratico per aiutare i bambini ad affrontare momenti difficili, ad esempio fornendo risorse, guida o riferimenti a servizi di supporto aggiuntivi, se necessario. Aiutali a identificare strategie di coping sane e pratiche di cura di sé per gestire lo stress e sviluppare resilienza.

6. **Modella comportamenti di coping sani:** sii un modello positivo per comportamenti di coping sani dimostrando resilienza, ottimismo ed efficaci capacità di problem solving nella

tua vita. Mostra ai bambini come affrontare le sfide con grazia e forza e sottolinea l'importanza della cura di sé e della ricerca di sostegno quando necessario.

Costruire la resilienza di fronte alle avversità

1. **Promuovere una mentalità di crescita:** promuovere una mentalità di crescita nei bambini sottolineando l'importanza dello sforzo, della perseveranza e dell'apprendimento dagli errori. Incoraggiateli a considerare le sfide come opportunità di crescita e apprendimento, piuttosto che ostacoli da temere o evitare.

2. **Incoraggiare le capacità di risoluzione dei problemi:** insegnare ai bambini le capacità di risoluzione dei problemi per aiutarli ad affrontare le sfide e le avversità in modo efficace. Incoraggiateli a scomporre i problemi in passaggi più piccoli e gestibili, a fare

brainstorming sulle possibili soluzioni e a valutare le conseguenze delle loro azioni.

3. **Sviluppare strategie di coping:** aiutare i bambini a sviluppare strategie di coping sane per gestire lo stress e le avversità. Insegna loro tecniche di rilassamento come la respirazione profonda o la consapevolezza, incoraggia l'attività fisica e l'espressione creativa e offri loro l'opportunità di impegnarsi in attività che portano loro gioia e conforto.

4. **Costruire reti di supporto sociale:** incoraggiare i bambini a costruire forti reti di supporto sociale promuovendo relazioni positive con la famiglia, gli amici, gli insegnanti e altri adulti fidati. Insegna loro come cercare sostegno quando necessario e incoraggiali a offrire sostegno agli altri in cambio.

5. **Promuovere modelli di pensiero resilienti:** aiutare i bambini a sviluppare modelli di pensiero resilienti sfidando pensieri e convinzioni negative e sostituendoli con altri più positivi e responsabilizzanti. Incoraggiateli a concentrarsi sui propri punti di forza e sui successi passati e ricordate loro la loro capacità di superare le sfide e le avversità.

6. **Celebrare la resilienza:** celebrare la resilienza e la perseveranza dei bambini di fronte alle avversità riconoscendo i loro sforzi e risultati. Evidenzia i loro punti di forza, resilienza e crescita e rafforza la loro fiducia nella loro capacità di superare le sfide e prosperare.

Sostenendo i bambini nei momenti difficili e costruendo la loro resilienza di fronte alle avversità, consenti loro di affrontare le sfide della vita con fiducia, forza e resilienza. La tua guida, supporto e incoraggiamento svolgono un ruolo cruciale nell'aiutare i bambini a sviluppare le capacità, gli atteggiamenti e la mentalità necessari per superare gli ostacoli ed emergere più forti e resilienti che mai.

Celebrare i successi e il progresso

Celebrare i successi e i progressi è vitale per la motivazione, l'autostima e il benessere generale dei bambini. In qualità di caregiver o educatore, riconoscere e celebrare i risultati ottenuti e rafforzare il comportamento e l'impegno positivi sono pratiche essenziali che aiutano i bambini a sentirsi apprezzati, motivati e fiduciosi nelle proprie capacità. In questa sezione esploreremo strategie pratiche per celebrare i successi e i progressi dei bambini affidati alla tua cura.

Riconoscere e celebrare i risultati ottenuti

1. **Riconoscere le piccole vittorie:** celebrare anche i più piccoli risultati e traguardi per rafforzare gli sforzi e i progressi dei bambini. Che si tratti di completare un compito, padroneggiare

una nuova abilità o dimostrare un comportamento positivo, prenditi il tempo per riconoscere e lodare i risultati ottenuti.

2. **Crea indicatori di traguardi:** imposta indicatori di traguardi o rappresentazioni visive dei progressi, come diagrammi, grafici o adesivi, per tenere traccia dei risultati dei bambini nel tempo. Festeggia il raggiungimento di ogni traguardo con una ricompensa o un riconoscimento speciale per motivare l'impegno e il progresso continui.

3. **Organizzare cerimonie di riconoscimento:** organizzare cerimonie o eventi di riconoscimento per onorare pubblicamente i risultati e i traguardi raggiunti dai bambini. Invita familiari, amici o colleghi a partecipare alla celebrazione e a condividere i loro risultati, facendoli sentire orgogliosi e supportati.

4. **Riconoscimento personalizzato:** riconoscimento personalizzato e celebrazione degli interessi, delle preferenze e dei punti di forza di ogni bambino. Personalizza ricompense e incentivi per allinearti ai loro obiettivi e aspirazioni individuali, dimostrando che apprezzi e apprezzi i loro contributi e risultati unici.

5. **Incoraggiare il riconoscimento tra pari:** promuovere una cultura del riconoscimento tra pari incoraggiando i bambini a celebrare i successi e le realizzazioni degli altri. Fornire loro l'opportunità di offrire complimenti, lodi e incoraggiamento ai loro coetanei, rafforzando comportamenti positivi e costruendo una comunità solidale.

6. **Celebrare lo sforzo, non solo il risultato:** concentrarsi sulla celebrazione dello sforzo e del progresso piuttosto che solo del risultato. Sottolinea l'importanza del

duro lavoro, della perseveranza e della resilienza per raggiungere il successo e loda i bambini per la loro dedizione e impegno nel raggiungere i loro obiettivi.

Rafforzare il comportamento e lo sforzo positivi

1. **Utilizzare il rinforzo positivo:** rafforzare il comportamento e l'impegno positivi con lodi, incoraggiamento e ricompense per motivare la crescita e il progresso continui. Riconoscere e celebrare esempi di gentilezza, generosità, perseveranza e altri comportamenti positivi per rafforzarne l'importanza.

2. **Offrire feedback specifici:** fornire feedback specifici e significativi che evidenzino la connessione tra le azioni dei bambini e i risultati positivi che ottengono. Riconoscere i comportamenti o gli sforzi specifici che portano al successo e lodarli per il loro contributo.

3. **Stabilire aspettative chiare:** stabilire aspettative chiare in termini di comportamento e impegno e comunicarle in modo coerente ai bambini. Aiutali a capire cosa ci si aspetta da loro e perché è importante, e fornisci guida e supporto per aiutarli a soddisfare tali aspettative.

4. **Utilizzare incentivi e ricompense:** offrire incentivi e ricompense per rafforzare comportamenti e sforzi positivi e motivare i bambini a continuare a fare progressi verso i loro obiettivi. Usa una varietà di premi, come elogi verbali, privilegi, adesivi o gettoni, per mantenere i bambini coinvolti e motivati.

5. **Incoraggiare l'autoriflessione:** incoraggiare i bambini a riflettere sul proprio comportamento e impegno e a riconoscere la connessione tra le loro azioni e i risultati che ottengono. Aiutateli a identificare le aree di

miglioramento e a stabilire obiettivi per una crescita e uno sviluppo continui.

6. **Modello di comportamento positivo:** sii un modello positivo di comportamento e impegno dimostrando gentilezza, perseveranza e un atteggiamento positivo nelle tue interazioni con i bambini. Mostra loro l'importanza di assumersi la responsabilità delle proprie azioni e di impegnarsi per migliorare se stessi.

Riconoscendo e celebrando i risultati ottenuti e rafforzando comportamenti e sforzi positivi, aiuti i bambini a sentirsi apprezzati, motivati e fiduciosi nelle proprie capacità. Il tuo incoraggiamento e sostegno svolgono un ruolo cruciale nel promuovere un ambiente positivo e stimolante in cui i bambini si sentono autorizzati a raggiungere il loro pieno potenziale e celebrare i loro successi lungo il percorso.

Conclusione

Mentre concludi il tuo viaggio nell'esplorazione di come creare fiducia nei bambini, è essenziale riflettere sui punti chiave discussi in questo libro e considerare come applicarli per sostenere i bambini affidati alle tue cure. Dalla comprensione dell'importanza della fiducia alla coltivazione delle abilità sociali e della resilienza, hai acquisito preziose informazioni e strategie pratiche per consentire ai bambini di prosperare nel mondo di oggi. In questa sezione finale, riassumeremo i punti chiave trattati e offriremo alcune riflessioni finali e incoraggiamenti per ispirarti nel tuo viaggio continuo per coltivare la fiducia nei bambini.

Riepilogo dei punti chiave

In questo libro hai imparato:

- L'importanza della fiducia nello sviluppo e nel benessere generale dei bambini.

- Come definire la fiducia e le sue componenti, nonché i vantaggi di creare fiducia nei bambini.

- Ostacoli comuni che i bambini devono affrontare nello sviluppo della fiducia e fattori esterni che influiscono sulla loro fiducia.

- Strategie per creare un ambiente favorevole a casa, coltivare l'autostima e promuovere un'immagine di sé positiva.

- Tecniche di comunicazione efficaci per comunicare positivamente con i bambini e incoraggiare l'apertura e l'espressività.

- L'importanza di incoraggiare l'indipendenza e la resilienza nel processo decisionale e di insegnare le capacità di coping.

- Promuovere una mentalità di crescita e la definizione di obiettivi per consentire ai bambini di affrontare le sfide e realizzare le loro aspirazioni.

- Strategie per accogliere il fallimento come parte naturale dell'apprendimento e incoraggiare la riflessione e l'adattamento.

- Coltivare una sana assunzione di rischi ed esplorazione bilanciando la sicurezza con opportunità di crescita e incoraggiando la curiosità.

- Sviluppare abilità sociali ed empatia attraverso l'insegnamento della cooperazione, della collaborazione e dell'empatia.

- Affrontare le sfide e le avversità sostenendo i bambini nei momenti difficili e costruendo la loro resilienza.

- Celebrare i successi e i progressi riconoscendo i risultati ottenuti e rafforzando comportamenti e sforzi positivi.

Considerazioni finali e incoraggiamento

Mentre prosegui nel tuo viaggio di sostegno ai bambini nella costruzione della fiducia, ricorda che ogni bambino è unico e può richiedere approcci e strategie diversi. Sii paziente, flessibile e compassionevole nelle tue interazioni con i bambini e dai sempre la priorità al loro benessere e alla loro crescita.

Abbraccia il ruolo di un modello positivo, dimostrando fiducia, resilienza ed empatia nelle tue azioni e atteggiamenti. Le tue parole e i tuoi comportamenti hanno un potente impatto sullo sviluppo e sulla percezione di sé dei bambini, quindi sforzati di dare l'esempio e ispirarli a raggiungere il loro pieno potenziale.

Festeggia i progressi e i successi dei bambini affidati alle tue cure, non importa quanto piccoli, e incoraggiali a celebrare anche i loro risultati. Promuovendo una cultura di positività, sostegno e incoraggiamento, crei un ambiente in cui i bambini si sentono apprezzati, motivati e autorizzati a perseguire i propri sogni e aspirazioni.

Ricorda che costruire la fiducia nei bambini è un processo continuo che richiede pazienza, dedizione e impegno. Sii disposto ad adattare ed evolvere le tue strategie mentre impari e cresci insieme ai bambini affidati alle tue cure, e non sottovalutare mai il profondo impatto che puoi avere sulle loro vite.

Mentre intraprendi questo viaggio, sappi che stai facendo la differenza nella vita dei bambini che tocchi, aiutandoli a sviluppare la fiducia e la resilienza di cui hanno bisogno per avere successo a scuola, nelle relazioni e nella vita. I tuoi sforzi sono inestimabili e la tua dedizione nel coltivare la fiducia nei bambini è davvero encomiabile.

Con perseveranza, empatia e un impegno costante nel sostenere la crescita e lo sviluppo dei bambini, puoi contribuire a plasmare un futuro migliore per le generazioni a venire. Grazie per

la tua dedizione e passione nel creare
fiducia nei bambini.